루아와 파이의 지구 구출 용감한 수학

한솔수북

루아와 파이의 지구 구출 용감한 수학

6. 매미는 왜 소수를 좋아할까?

남호영 글
김잔디 그림

수학이 골치 아프니?

어떻게 알았냐고? 너만 그런 건 아니니까.
나도 처음부터 수학이 재미있었던 건 아니야.
그러던 어느 날 문득 깨달았어.
아니 글쎄, 수학이 재미있지 뭐야.

어떻게 그런 일이 벌어졌냐고?
그냥 벌어진 일이라 설명하긴 어려워.
하지만 하나는 확실해.
알게 됐다는 거야.

뭘?
식물과 동물, 심지어 바위에까지
자연에는 아주 자연스럽게 수가 새겨져
있다는 걸. 자연의 원리는 수학이야!

우리 모험에 함께 가자!
신날 거야.

이 세상 모든 것에는 패턴이 있어.
수학은 그 패턴을 뽑아내서 우리에게 알려 줘.
삼각형에 대해서 알면 사각형, 오각형은 물론
변이 아무리 많은 다각형에 대해서도 알 수 있는 거야.

우주에도 패턴이 있어.
외계의 행성도 만들어진 원리는 지구와 같으니까.
우주의 수학도 지구의 수학과 다르지 않아.
지구에 오니까 모든 게 신기하지만
수학은 같아. 아 참! 수학의 원리가 같은 거지.

수학이 재밌냐고? 같이 가면 알게 돼.
시작은 호기심, 그다음엔 용기만 있으면 돼.

수학을 잘하려면 용감해야 하냐고?
물론이지. 용기를 내서 덤벼 봐.
우선 용감한 수학부터!
그러면 수학이 쉬워질 거야.

등장인물을 소개할게 ······ 8

1. 바닷가의 다각형 기둥 ······ 9
용감한 수학 ❶ 다각형과 각기둥은 무엇이 다를까? ······ 19
용감한 수학 ❷ 수직이등분선의 비밀 ······ 26
용감한 수학 ❸ 용암이 식을 때는 수직이등분선부터! ······ 28

2. 공룡 발자국에 뒹구는 귀야 ······ 29
용감한 수학 ❹ 공룡은 발자국에 무엇을 남겼을까? ······ 38

3. 무당벌레들의 다툼 ······ 49
용감한 수학 ❺ 없는 걸 나타내는 숫자가 없는 숫자 ······ 60
용감한 수학 ❻ 없는 걸 나타내는 숫자 ······ 61
용감한 수학 ❼ 0으로 나누라고? ······ 66

4. 소수를 좋아하는 매미 ——— 67

용감한 수학 ❽ 너, 소수 아니지? ——— 74
용감한 수학 ❾ 배수는 특별한 모양이 있어! ——— 75
용감한 수학 ❿ 잡아먹혀도 살아남는 공배수 ——— 83

5. 꽃잎에 새겨진 수 ——— 85

용감한 수학 ⓫ 1년 후엔 토끼가 몇 쌍? ——— 92
용감한 수학 ⓬ 수학의 법칙은 100% ——— 100

루아·파이와 함께 용감한 퀴즈의 답을 확인해요! ——— 103

어떻게 해야 산호초를 살릴 수 있을지 모르지만
일단 육지로 가야 하는 건 확실하지.
루아와 파이는 물속에서 다리를 흔들고 팔을 내저으며
점점 위로 올라갔어.
이젠 머리 위로 빛이 보여.
거의 다 올라왔나 봐.

루아가 먼저 물 밖으로 머리를 쑥 내밀었어.
파이의 머리 위에 있던 귀야가 파이보다 먼저
물 밖으로 온몸을 내밀었어.
루아와 파이는 발을 버둥대며 물 위에 떠서
주변을 둘러봤어.
멀리 육지가 보여.
수직으로 선 절벽 위에 나무들이 듬성듬성 보여.
"저쪽으로 가자."
루아의 말이 끝나기도 전에 파이는 절벽을 향해
헤엄치기 시작했어.

바닷물만큼이나 파란 하늘 아래
두 아이는 하얀 물보라를 일으키며 헤엄을 치고 있어.
점점 육지가 가까워지고 있어.
"절벽 모양이 좀 색다르네. 기둥을 줄 세운 것 같아."
루아의 말에 절벽을 자세히 보려고 파이가 고개를
치켜들었어.
그러자 파이의 발에 딱딱한 돌이 닿았어.
파이는 헤엄을 멈추고 일어서 보았어.
파이가 일어서는 걸 보고는 루아도 일어섰어.

물이 얕아졌네?
이제 걸어 가자.

몇 걸음 걷고 나서 루아의 눈이 휘둥그레졌어.
"바닥이 매끌매끌해!"
마침 파이도 매끌매끌한 바닥에 발바닥이 닿아 기분이 좋아진 참이었어.
사실 해안가에 있는 돌은 오랜 세월 동안 파도에 씻겨 동글동글 매끈매끈해.
곳곳에서 볼 수 있는 몽돌 해안에 그런 굵은 자갈돌이 깔려 있지.
그런데 지금 발에 밟히는 돌은 그것과는 달라.
동글동글하지 않고 넓적해.
루아와 파이가 신기해하며 허리를 굽혀 물속을 들여다보자 누구보다 먼저 육지를 향해서 날아가려던 귀야가 멈칫했어.

"매끌? 신기한 돌이네!"

"귀야, 돌이 정말 매끄러워. 발바닥이 간질간질할 정도야."

루아는 정말 발바닥이 간지러운지 춤을 추듯 이리저리
돌을 옮겨 다니며 말했어.
귀야는 궁금증을 못 참고 물속으로 뛰어들었어.
그러더니 짠물을 잔뜩 들이켠 채 놀라서 퍼덕거렸어.
"무슨 일이야?"
"왜 그래"
루아와 파이가 놀라서 귀야를 건져 올렸어.
귀야를 옆으로 눕히자 입에서 물이 흘러나왔어.
빵빵했던 배가 꺼지면서 입에서 하염없이 물이
흘러나왔어.

축 늘어진 귀야를 안고 다시 걷기 시작한 루아와
파이는 눈앞에 펼쳐진 광경에 입이 딱 벌어졌어.
해안가에 온갖 도형이 가득 있었거든.

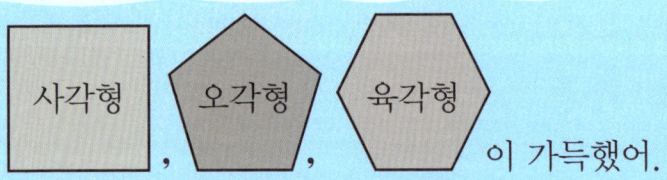

이 가득했어.
오각기둥이 삐쭉 올라온 것도 있고,
육각기둥이 배시시 올라온 것도 있어.

루아는 다각형 모양으로 펼쳐진 돌을 둘러보며 신기해서 팔짝팔짝 뛰었어.

마치 누가 깎아 놓은 것처럼 돌 모양이 다각형이라니!

"자연은 수학의 언어로 쓰였다더니, 정말인가 봐!"

흥분이 가시지 않은 루아의 말에 귀야가 딴지를 걸었어.

"자연은 그냥 자연이지 수학으로 쓰였다니, 말도 안 돼!"

귀야는 언제 축 늘어져 있었냐는 듯이 펄쩍 뛰었어. 인간의 셈을 겨우 이해한 지 얼마 안 됐는데, 자연이 수학으로 만들어졌다면 너무 어렵잖아.

"저번에 모든 포유류의 수명은 다르지만, 심장은 똑같이 15억 번 정도 뛴다고 했고, 평생 생기는 암세포 같은 세포 돌연변이 수도 비슷하다고 했잖아. 수가 생명을 결정하는 거지. 그런데 이젠 저 돌 좀 봐. 누가 저렇게 깎았겠어? 자연스럽게 다각형 모양이 된 거지. 자연을 깊이 들여다보면 수와 모양이, 그러니까 수학이 있다고!"

귀야는 루아의 일장 연설에 할 말을 잃었지만,
맞장구를 치고 싶지는 않았어.
그러면 루아는 또 귀야를 붙잡고 수학을 가르치려
들 테니까. 귀야는 날아다니는 게 더 좋거든.

누가 '수학 공부할래? 저기 날아갔다 올래?' 하면
귀야는 대답도 하기 전에 날갯짓부터 시작할 거야.

그렇지만 귀야는 부리 끝이 처진 채 뚱한 표정으로
아무 말도 못 했어. 루아가 이때다 싶은지 함석지붕에
빗방울 때리듯 다다다 말을 쏟아냈어.
"사각형은 선분 네 개가 모여서 만든 닫힌 도형이야.
이 돌처럼."
"선분이 네 개면 사각형이지, 오각형이겠어?"
루아의 말에 귀야는 부리를 뾰로통 내밀며 말했어.
루아는 귀야의 기분이 언짢은 건 눈치채지도 못하고
여전히 돌바닥을 가리키며 말했어.
"맞아, 맞아!"
귀야는 루아가 맞다고 맞장구치자 기분이 풀렸어.
뚱하니 튀어나왔던 부리도 쑥 들어가고
팔자로 처진 눈썹도 펴졌어.
'그래. 사각형이 별것 아니군. 자연이 수학으로
쓰였든 말든 겁먹을 거 없겠어.'
루아는 신이 나서 "이건 오각형, 이건 육각형" 하면서
맨발로 깡중대며 이 돌에서 저 돌로 옮겨 다녔어.
그 뒤를 따라 귀야도 "이건 오각형, 이건 육각형"
하면서 이 돌에서 저 돌로 날아다녔어.

용감한 수학 ❶
다각형과 각기둥은 무엇이 다를까?

사각형, 오각형은 다각형이라고 해. 다각형은 여러 개의 선분으로 만들어진 닫힌 도형이야.

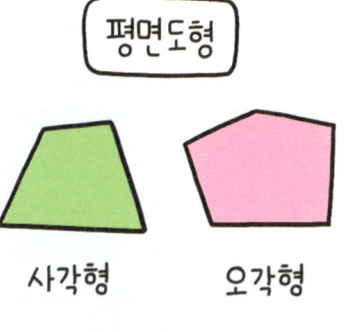

사각형에는 변도 4개, 꼭짓점도 4개!

오각기둥은 각기둥이라고 해. 각기둥은 밑면이 똑같은 다각형이고, 옆면이 직사각형인 여러 개의 면으로 만들어진 닫힌 도형이야.

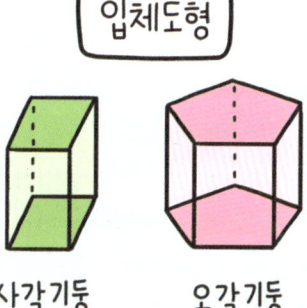

각기둥에서는 변이라고 하지 않고 모서리라고 해. 그러니까 꼭짓점은 모서리와 모서리가 만난 곳이지.

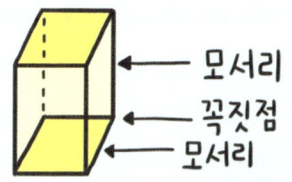

사각기둥에는 꼭짓점은 8개, 모서리는 12개!

둘을 바라보는 파이의 얼굴에는 미소가 번졌어.
둘이 투닥대다가 언제랄 것도 없이 다시
놀기 시작하는 건 참 신기한 일이야.
파이네 행성에서는 그런 일은 없어.
다툰 다음에 은근슬쩍 다시 놀기 시작할 수 있다는 건
꿈도 꾼 적이 없지.

그런데 지구에서처럼 은근슬쩍 다시 노는 것도 괜찮아
보여. 한참 동안 루아와 귀야를 바라보던 파이는
파이네 행성에도 여기처럼

 모양의 돌들이

흩어져 있던 바닷가가 있다는 생각이 났어.

학교에서 화산에 견학 갔을 때의 일이야.
화산은 바닷가에서 얼마 떨어지지 않은 곳에
있었는데, 엄청 높았어. 차를 타고 올라갔지.
언제 폭발할지 모르는 활화산이지만 겁나기보다는
신기했어.
중턱을 오르는데 용암에 파묻혀 지붕만 보이는 집이
있었어. 일부러 치우지 않고 놔둔 것 같았어.

화산 폭발이 얼마나 무서운지 두고두고 볼 수 있게.
화산재만 쌓인 황량한 풍경을 지나 드디어 차에서
내렸어.

선생님을 따라서 작은 분화구 가장자리를 걸었어.
하얀 가스가 새어 나오는 게 제일 잘 보이는 자리에
멈춰서 올려다보니 잠들어 있는 거인의 입김 같았어.

거인이 잠에서 깨어나면 아주 위험해.
시뻘건 용암이 하늘 높이 솟구쳐 오르지.
며칠 밤낮을 계속 솟구쳐 오르면서 주위로 흘러내려.
낮은 데로, 낮은 데로 흘러가서 바닷가까지 흘러내려.

바닷가로 흘러간 용암이 어떤 흔적을 남기는지
알아보려고 아이들을 태운 차는 바닷가로 갔어.
거기에 지금과 같은

이 흩어져 있었어. 파이는 그때를 떠올리며 '용암이
흘러내리면서 식는 과정은 우리 행성이나 지구나
똑같구나' 하는 생각을 했어.

"뭐해?"

루아가 파이를 툭 치며 물었어.

생각에 잠겼던 파이가 어깨를 으쓱하며 말했어.

"응. 우주 어디에서든 용암은 식으면서 부피가 줄어들어. 쩍쩍 갈라질 수밖에 없어. 그 갈라지는 선이 수직이등분선이야. 그래서 용암이 식으면서 만들어지는 돌의 모양은 정해져 있어."

귀야도 머나먼 파이네 행성이나 지구나 용암이 식는 모양이 똑같다는 말에 호기심이 생겼어.

용감한 수학 ❷
수직이등분선의 비밀

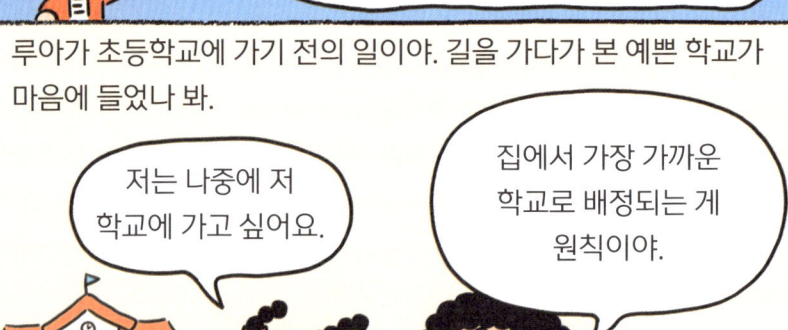

루아가 초등학교에 가기 전의 일이야. 길을 가다가 본 예쁜 학교가 마음에 들었나 봐.

"저는 나중에 저 학교에 가고 싶어요."

"집에서 가장 가까운 학교로 배정되는 게 원칙이야."

"집에서 가까운 학교를 다니게 하려면 A와 B 초등학교에 배정되는 아이들 집의 경계를 어떻게 그어야 할까?"

"이렇게 그을까?"

"우린 B학교가 가깝지 않아?"

"여기선 A학교가 가까워요."

용감한 수학 ❸
용암이 식을 때는 수직이등분선부터!

대부분의 물질은 액체에서 고체로 되면 부피가 줄어들어. 용암도 마찬가지야. 용암은 식으면서 굳어질 때, 군데군데 중심이 되는 지점이 생기면서 중심에서 먼 쪽부터 갈라져.

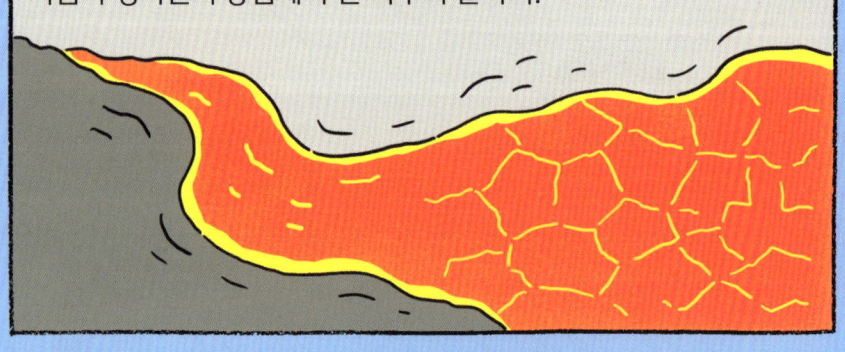

만약 용암이 식는 중심이 아래의 빨간색 점처럼 형성되었다면, 점 O와 가까운 점들을 이은 선분의 수직이등분선마다 갈라져.

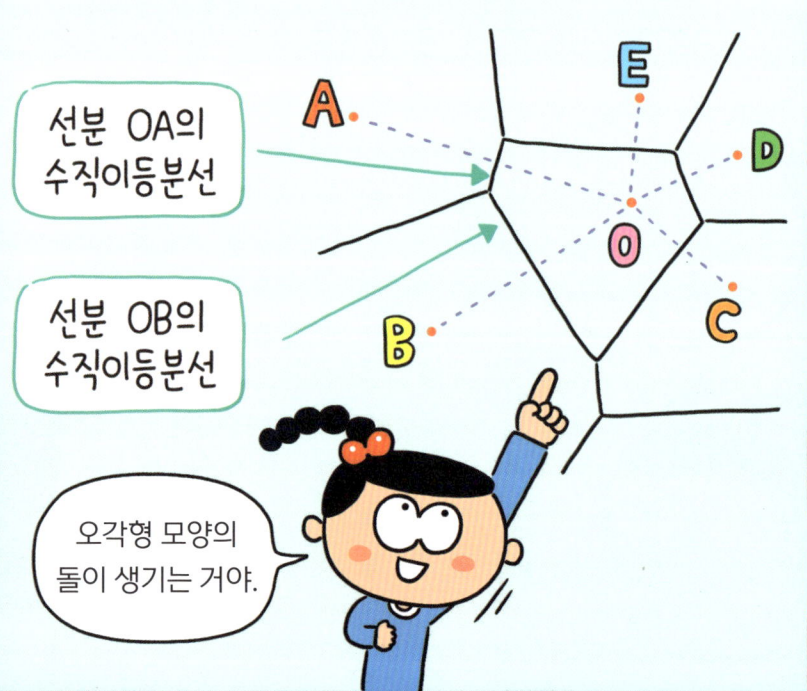

선분 OA의 수직이등분선

선분 OB의 수직이등분선

오각형 모양의 돌이 생기는 거야.

② 공룡 발자국에 뒹구는 귀아

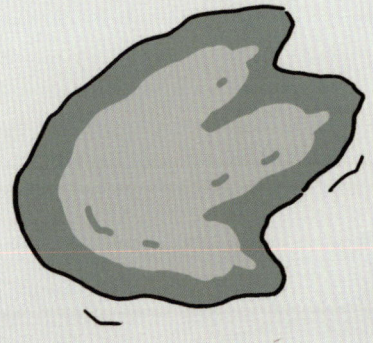

루아 일행은 절벽을 끼고 편평하게 깔린 다각형 돌을 밟으며 걸었어.
한참을 가다 보니 왼쪽으로 계곡이 보였어.
맑은 계곡물이 흐르는 주변에 바위가 넓게 펼쳐져 있어.
"계곡을 따라서 가 보자."
"그래, 가다 보면 길이 보이겠지."
루아와 파이는 계곡물에 참방대다가 마른 바위를 골라 디디기도 하며 그렇게 계곡을 따라갔어.
까악~
먼저 날아가던 귀야가 무엇 때문인지 저 앞에서 파닥거리며 깍깍댔어.
"왜 그래? 귀야!"
루아가 귀야에게 뛰어가려다가 젖은 바위에 미끄러지며 넘어질 뻔했어.
"루아야, 조심해!"
파이가 잡아 주지 않았다면 바위에 넘어져 몹시 아팠을 거야.

루아와 파이는 미끄러지지 않으려고 마른 바위만
골라 디디며 겨우 귀야가 있는 곳까지 왔어.
넓은 바위에 움푹 파인 구덩이가 여러 개 있었어.
귀야는 이리 굴렀다 저리 굴렀다 하며 놀고 있었어.

"아니, 네가 공룡 발자국 위에 있다고.
지금 공룡이 나타난 게 아니라."
귀야는 가슴을 쓸어내리면서도 공룡이라는 말에 겁을
먹었는지 슬금슬금 구덩이에서 빠져나왔어.

공룡이 뭐냐는 파이의 말에 루아와 귀야가 모두 뜬금없다는 표정으로 파이를 봤어.
"공룡을 몰라?"
"너희 행성엔 공룡이 산 적 없어?"

루아 주변에 공룡을 좋아하지 않는 아이는 없었어.
어떤 공룡을 좋아하느냐는 달랐지만.
루아는 티라노사우루스나 타르보사우루스 같은
무서운 육식 공룡보다는 평화로워 보이는 초식 공룡에
더 마음이 끌렸어.

"내가 가장 좋아한 건 브라키오사우루스였어.
가장 위험한 공룡인 티라노사우루스보다
두 배 이상 커서 몸집만으로도 육식 공룡이 함부로
덤비지 못했거든. 멋지지 않니?"

루아는 귀야가 빠져나온 구덩이를 가리키며
초식 공룡의 발자국 모양인 것 같다면서 말을 마쳤어.
"어디 가면 볼 수 있는데?"
파이의 물음에 루아는 공룡이 모두 멸종했다는
사실보다도 파이가 공룡을 모른다는 게 더 신기했어.
엄마는 우주에 생명체가 있다면 그 원리는 모두
비슷할 거라고 하셨거든.

35

'하긴 원리는 비슷해도 동물 종류까지 똑같지는 않을 수도 있지.'

루아는 고개를 끄덕이며 중얼대면서도 파이네 행성에는 루아가 한때 푹 빠져 살았던 공룡이 없었다는 사실이 섭섭해.

"지구에 공룡이 산 건 엄청 오래전 이야기야. 공룡은 2억 년 정도를 떵떵거리며 살았지. 그러다가 6천 6백만 년 전에 멸종됐대."

"공룡이 새의 조상이라면서. 날 봐! 멸종된 건 아니잖아."

귀야의 말에 루아가 얼른 덧붙였어.

"맞아. 깃털 공룡 중에 새가 살아남았지. 그래도 지구 생명체의 다섯 번째 대멸종이라고 말하더라고."

파이는 자신의 두 발이 다 들어가고도 넉넉하게 남을 정도로 큰 발자국을 남긴 공룡이 어쩌다 멸종되었을까 궁금해.

물론 공룡이 멸종하지 않았다면 루아 같은 작은 포유류가 살기는 어려웠겠지만.

용감한 수학 ④
공룡은 발자국에 무엇을 남겼을까?

공룡을 본 사람은 아무도 없지만, 뼈나 이빨과 같은 화석을 통해서 공룡에 대해서 많이 알게 됐어. 어떻게 생겼는지, 두 발로 걷는지 네 발로 걷는지, 얼마나 큰지.

그래서 공룡학자들이 알아낸 게 있어. 대부분 다리 길이는 발자국 길이의 네 배 정도였어. 이제는 공룡 발자국을 발견하면 다리 길이가 어느 정도인 공룡이었는지 계산할 수 있는 거야.

(발자국 길이) × 4 = (다리 길이)

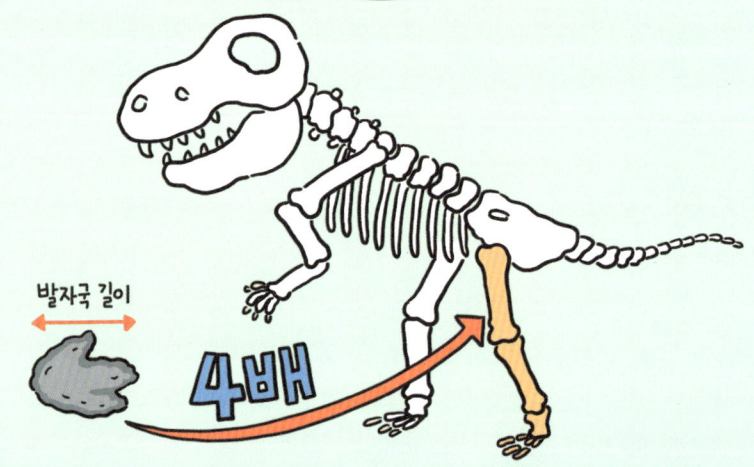

사람의 키는 발 길이의 6배~7배 정도야. 공룡도 발자국 길이로 몸 길이를 알 수 있을까? 발자국 길이에 18을 곱하면 공룡의 몸 길이라고 알려져 있어. 머리부터 꼬리까지의 길이 말이야.

(발자국 길이) × 18 = (몸 길이)

공룡 발자국에서 알 수 있는 건 여기서 끝이 아니야. 영국의 동물학자 로버트 맥닐 알렉산더는 1976년에 공룡의 보폭과 다리 길이로부터 공룡이 달리는 속력을 계산할 수 있는 공식을 발표했어.

공룡은 1초에 $0.25 \times 9.8^{0.5} \times (보폭)^{1.67} \times (다리 길이)^{-1.17}$ 미터를 달립니다.

뭐라는 건지?

이후 계속된 연구로 지금은 공룡이 뛰는 속도를 시속 17~40 킬로미터로 본단다.

눈앞에 펼쳐진 계곡은 오르막이야.
걸어 들어갈수록 높게만 보였던 다각형 기둥 절벽이
점점 낮아졌어. 이제 충분히 걸어 올라갈 만큼!

루아와 파이는 조심스럽게 손을 뻗고 발을 옮겨
디디며 절벽에 올라섰어.
계곡을 벗어나자 넓은 들판이 눈에 들어왔어.

"하하하"
"호호"
루아와 파이는 서로 바라보며 웃었어.
사람 사는 곳으로 돌아왔다는 안도감 때문일까 저절로
웃음이 나왔어. 귀야도 빙빙 돌며 깍깍거렸어.
하지만 두 아이의 웃음은 이내 사라졌어.
루아와 파이는 발을 내디디면서 누가 먼저랄 것 없이
낮은 소리를 내뱉었어.

루아와 파이는 맨발에 닿는 거친 흙에 놀란 거야.
흙은 매끈한 바위와는 달라. 크고 작은 알갱이들이
보드라운 발바닥 사정을 봐 주지 않아.
바닷속에서 상어에게 쫓길 때였나 도망치느라
신발까지 벗어 던졌는데, 이젠 신발 없이 걷기가
힘들어.
귀야는 신발을 신는 루아와 파이가 부러운 적도
있었는데, 꼭 부러울 일은 아니구나 하는 생각이
들어.
'내 발은 신통력도 부리는 귀한 발인데, 날개 덕분에
발바닥이 아플 일은 없네.'
귀야는 둘에게도 날개를 달아 주고 싶을 정도야.
"많이 아파? 어쩌지?"
귀야가 걱정스러운 얼굴로 물었어.
"좀 조심해서 살살 걷지 뭐."
루아가 용감하게 나서면서 말했어. 발걸음을 옮길
때마다 발바닥을 파고드는 흙 알갱이들이
성가시지만 어쩔 수 없잖아.

루아 뒤를 파이가 살금살금 따라갔어. 파이는 온 신경을 집중해서 발바닥을 살포시 내려놓았어.

충격을 줄이려면 **속도** 가 중요하거든.

손을 빨리 휘두르면 때리는 게 되지만 손을 천천히 움직이면 쓰다듬는 게 되는 것과 같은 이치지.
풀이 뒤덮인 땅이 나오면 엄청 반가워.
풀을 밟으면 발바닥이 아프지 않거든.
"풀아, 얼른 지나갈게. 고마워."
파이는 풀로 뒤덮인 곳을 걸을 때는 더 살포시, 그렇지만 더 빨리 발을 옮겼어.
오래 밟고 있는 것보다는 얼른 지나가는 게 풀에게는 덜 힘든 일이 될 테니까.

밟히는 풀 입장에서는  도 중요하거든.

루아가 깜짝 놀라서 파이에게 풀과 이야기할 수 있냐고 물었어.
"우리 할머니는 식물과 이야기를 나눌 수 있다고 하셨는데, 나는 아직 못 해 봤어. 그래도 말은 걸어 보는 거야."

귀야는 다른 때와는 달리 계속 날아다니고 있어.
루아나 파이에게 앉으면 귀야의
 만큼 두 아이의 발바닥이 더 아플까 봐.

날아다니던 귀야의 눈에 집이 하나 보였어.
"저기 봐! 집이 있어."
루아와 파이의 얼굴이 확 펴졌어.
"아, 살았다!"
"우아, 다행이다!"
뭔가 도움을 받을 수
있겠지라는 기대가
솟아올랐거든.

가까이 가자 통나무로 만든 단출한 집에 쉼터라는
간판이 걸려 있었어.
쉼터로 걸어가는 루아와 파이는 이제 발바닥이
아픈 건 아랑곳하지 않아.
귀야는 얼른 날아가서 난간 위에 앉아 기다렸어.
루아와 파이가 와서 문을 열 때까지.

쉼터 안에서 이것저것 만져 보는 루아의 입가에
함박웃음이 떠나질 않아.
드디어 루아와 파이가 발에 맞는 신발을 하나씩
챙기고 옷도 챙기자 귀야는 마음이 놓였어.
'옷 입고 신발 신는 건 참 불편한 일이네.
날 봐! 잘나신 까마귀는 따로 옷도 필요 없고 신발도
필요 없으니 얼마나 좋아.'
하지만 귀야는 자기 생각을 입 밖으로 내진 않았어.
아까 둘이 발바닥이 아파서 쩔쩔매는 걸 봤는데,
대놓고 이런 얘기를 하는 건 까마귀 품위에 맞지 않는
일이거든.
대신 귀야는 깃털을 고르고 나서 날개를 넓게 펴고
한껏 우아한 자태로 루아와 파이 앞을 날아다녔어.
귀야가 눈앞에 왔다 갔다 날아다니자 루아는 신발을
들고 자랑했어.
"귀야, 이 신발 이쁘지? 여기 사람들 참 고맙다."
귀야가 무슨 생각을 하는지는 눈치채지도 못하나 봐.

파이는 나무로 짠 침대 같은 긴 의자에 앉아서 생각에
잠겼어.
우주 쓰레기가 지구 주변을 떠다니는 걸 봤을 때부터
지구인들이 좋은 사람일 거라는 생각은 안 했어.
가 아름다워서 호기심이 생겼을 뿐이지.
착륙선에서 내린 후에 주변을 걷고 있는데,
지구인들이 몰려와서 숨을 수밖에 없었지.
착륙선에 다시 타기 어렵다는 생각이 들었을 때는
지구인들이 원망스럽기도 했어.
루아와 다니면서, 셀레네를 만나기도 하면서
지구인에 대해 안 좋았던 첫인상이 많이 누그러졌지.
그런데 이렇게 모르는 사람을 위한 신발이나 옷,
통조림 같은 먹을 것까지 갖춘 쉼터를 운영하는 걸
보면 좋은 지구인들도 꽤 있나 봐.
참, 이런 쉼터가 있다는 건 사람 사는 곳과 멀리
떨어져 있다는 뜻 아닐까?

새로 구한 신발을 신고 옷도 바꿔 입은 루아가 기운차게 안내소 문을 열어젖혔어.
"가자!"
파이가 의자에서 엉거주춤 엉덩이를 떼며 말했어.
"이런 시설은 조난당한 사람을 위한 걸 텐데……."
"우리가 조난당한 거야?"
루아를 따라 문으로 날아가던 귀야가 돌아보며 말했어.
루아도 순간 멈칫했어.
신발이 필요하긴 했지만, 다른 사람들의 구조가 필요할 정도로 위험한 상황은 아닌 것 같거든.
"아니, 우리가 조난당했다는 게 아니라 이런 시설이 있다는 건 여긴 사람 사는 데서 멀리 떨어진 곳일 거라는 말이지."
그제야 루아는 파이가 무슨 말을 하는지 알아챘어.

"사람들이 살지 않으니까 바다를 오염 시켜서 산호를 죽게 할 사람들도 없다는 말이구나?"

"그러니까 이 바닷가에서 산호가 죽어가고 있었던 건  때문인 것 같아."

파이의 입에서 나온 '지구 온난화'라는 말을 듣자 귀야는 그린란드에서 얼음벽이 무너져 내렸던 일이 떠올랐어.
우르르 쾅 하며 산 같이 높았던 얼음벽이 쪼개져 떨어져 내리는데, 이대로 죽나 싶으면서 정신이 하나도 없었지.
외뿔고래 덕분에 살았지만, 정말 다시는 겪고 싶지 않은 일이야.
지구가 따뜻해진다는 건 생각보다 엄청 큰 일인가 봐.
"우리 귀야가 겁먹었네."
루아가 귀야에게 손을 내밀며 말했어.
귀야는 다행이다 싶어 루아의 손에 내려앉았어.
기운이 하나도 없었거든.
루아가 귀야를 쓰다듬으며 말했어.
"걱정하지 마. 우리가 지구를 지켜낼 거야."

루아는 다시 앞장을 섰어.
가락에 맞춰 수를 읊으며 걸었어.

"아니, 십칠인데…."
루아가 의아하다는 듯이 귀야를 보며 말했어.
"아까 구도 빼먹더니 십오도 빼먹으려고 했잖아."
루아가 그제야 알겠다는 듯이 고개를 끄덕이며
말했어.
"내가 홀수를 세는 줄 알았구나?"

귀야가 홀수와 짝수를 설명하는데,
파이가 조용히 하라는 듯이 입에 손가락을 갖다 댔어.
귀야가 깜짝 놀라 엉거주춤 동작을 멈췄어.
루아는 눈이 동그래지면서 입 모양으로 '왜?'라고
물었어.

파이는 어딘가에서 들려오는 작은 소리를 들었어.
영문을 몰랐던 귀야도 들었나 봐.
소리가 어느 쪽에서 나는지 고개를 돌리며 찾고 있어.
파이가 먼저 풀잎에 있는 무당벌레들을 가리켰어.

"봐! 무당벌레도 를 알잖아."

귀야는 더 기세등등해졌어.
귀야를 보던 루아는 눈길을 돌려 풀밭을 봤어.
풀밭에 무당벌레들이 꽤 여러 마리 있지만
안타깝게도 루아는 아무 소리도 들을 수 없어.
'무당벌레들이 홀수와 짝수를 안다고?
무당벌레는 왜 홀수와 짝수에 관심이 있을까?'
루아는 무당벌레를 유심히 봤어.
"아하, 점이다! 등에 있는 점 개수가 다르네?"
루아는 큰 발견을 했다는 듯이 손뼉을 치며 말했어.
그러고는 손가락으로 무당벌레를 가리키며 말했어.
"얘는 점이 일곱 개 홀수고, 쟤는 두 개 짝수네."
"무당벌레들이 자기네는 종류가 굉장히 많다고 하네."
파이는 무당벌레들의 말을 듣지 못하는 루아를 위해서
무당벌레가 한 말을 옮겨 줬어.
그때 저쪽에서 무당벌레 한 마리가 날아왔어.
노란색이야.
노랑 무당벌레가 아이들에게 물었어.

홀수인 애들도 안 끼워 주고 짝수인 애들도 안 끼워 준다고 말하는 노랑 무당벌레의 얼굴에는 억울함이 묻어 있어.
귀야가 얼른 날아와서 잘난 척했어.
"너는 점이 없는데 홀수와 짝수가 어딨어?"
귀야의 말을 들은 노랑 무당벌레는 울상이 되었어.
무척 실망한 눈치야.
그때 파이가 나섰어.
"점이 없다고 수가 없는 건 아니야. 없는 걸 나타내는 수도 있어."

루아가 묻자 귀야가 대답하려다가 멈칫했어.

'영이 뭐지? 없다는 뜻인가?'

귀야는 인정하고 싶지 않아.

없으면 없는 거지, 없는 걸 나타내는 수가 있다고?

그럼 저 영은 뭐지?

뭐라고 해야 하지?

귀야의 머릿속이 복잡해.

용감한 수학 ⑤
없는 걸 나타내는 숫자가 없는 숫자

한자로 二百三이라고 쓰면 얼마를 말하는 걸까? '이백삼'이니까 백이 2개, 일이 3개야.

고대 이집트 숫자로 '이백삼'을 쓰면 아래와 같아. 백을 나타내는 숫자 𓂭 을 2개, 일을 나타내는 숫자 ｜을 3개 나열하면 돼.

고대 로마 숫자로 '이백삼'을 쓰는 방법도 고대 이집트와 같아. 백을 나타내는 숫자 C를 2개, 일을 나타내는 숫자 I을 3개 나열하면 돼.

일, 십, 백…… 자리마다 기호가 정해져 있는 이런 숫자는 기호는 달라도 공통점이 하나 있어. 바로 영(0)이 없다는 거야.

영이 없어도 자리마다 기호가 다르니까 헷갈릴 일은 없어.

★ 용감한 수학 ❻
없는 걸 나타내는 숫자

인도는 달랐어. 없는 걸 나타내는 기호 0을 사용했지. 23과 203은 다르니까 203을 23이라고 쓸 수는 없잖아.

"물론 갑자기 생긴 일은 아닙니다."

"처음에는 빈자리에 점을 찍다가 점 대신 0이라는 기호를 사용하게 됐다고 생각해요."

0을 처음 쓴 인도 숫자는 말 그대로 인도에서 사용하던 숫자야. 이 숫자가 '인도 아라비아 위치적 기수법'이라는 정식 이름을 얻는 데는 페르시아 수학자 알 콰리즈미가 큰 역할을 했어.

"알 콰리즈미는 820년경에 《인도 숫자의 계산법》이라는 책을 쓰면서 인도 숫자를 이용한 계산법을 널리 알렸어."

"당시까지는 인도에서만 쓰던 숫자를 그후 아랍, 나아가 전 세계에서 사용하게 된 거야."

"너는 점이 없잖아. 그럴 때는 0개라고 해."
루아의 예상과는 달리 노랑 무당벌레는 점의 개수를 알고도 별로 기뻐하지 않았어.
그렇지만 기대감에 찬 얼굴로 물었어.
"그래서 홀수야? 짝수야?"
루아는 0이라는 수가 있다는 건 알았지만 0이 홀수인지 짝수인지는 생각해 본 적이 없어.

루아는 땅에 영을 이로 나누는 식을 쓰고는
한참을 보다가 드디어 몫과 나머지를 썼어.

"노랑 무당벌레야, 영은 짝수야."
노랑 무당벌레가 신이 나서 점의 개수가 짝수인
무당벌레들이 모인 쪽으로 날아갔어.
파이가 잘 가라는 듯이 손을 흔들어 주었어.
귀야는 날아가는 노랑 무당벌레를 보며 중얼거렸어.
"짝수? 수도 아닌 것 같은 영이 짝수라고?
내 손은 2개, 짝수이고
내 손가락도 4개, 짝수인데
이 잘나신 까마귀처럼 저 무당벌레도 짝수라고?"

귀야는 영이 수라는 말이 거북해.
그렇지만 파이까지 편을 드는데, 영이 수가 아니라고
함부로 우겼다가는 본전도 못 찾을 거야.

귀야가 눈알을 굴리며 생각을 했어.
귀야가 아주 궁금하다는 듯이
차분한 목소리로 물었어.

"영이 수라면 영으로도 계산하겠네?
덧셈, 뺄셈 같은."

루아가 아주 기뻐하며 대답했어.

"귀야가 영으로 하는 계산이 궁금하구나.
나도 처음인데, 같이 해 보자."

풀잎에 노랑 무당벌레 4마리 + 새로 온 노랑 무당벌레 없음 = 풀잎에 노랑 무당벌레 4마리

4 + 0 = 4

루아가 영을 더하는 계산을 쉽게 설명하자 귀야는
초조해졌어. 그것도 모르고 루아는 신나서 덧붙였어.
"와, 어떤 수에 영을 더하면 항상 어떤 수
그대로구나."
귀야는 루아가 영으로 하는 뺄셈, 곱셈, 나눗셈까지
차례로 해 보자고 할까 봐 벌써 머리가 지끈거려.
정말로 계산이 궁금한 건 아니었으니까.
영이 진짜 수든 아니든 이제는 여기서 빨리
벗어나야겠다는 생각밖에 없어.
그래. 뺄셈, 곱셈은 건너뛰고 나눗셈으로 바로 가자!
"영으로 나누는 건 어떻게 해?"
귀야의 말에 루아도 나눗셈이 더 재밌다고 생각했는지
"영으로 나누자고?" 하며 눈을 반짝였어.

2를 0으로 나누면 얼마야?
3을 0으로 나누면 얼마야?
4를 0으로 나누면 얼마야?

용감한 수학 ❼
0으로 나누라고?

루아는 영으로 나눗셈을 하려다가 당황했어. 몫에 어떤 수를 쓰든 소용이 없어.

어?

이번엔 나눗셈은 곱셈을 거꾸로 하는 거라는 말을 떠올렸어.

곱셈 $0 \times 2 = 0$
→ 나눗셈 $0 = 2 \div 0$

0인가?

3도 0으로 나눠 봐!

곱셈 $0 \times 3 = 0$
→ 나눗셈 $0 = 3 \div 0$

곱셈 $0 \times 4 = 0$
→ 나눗셈 $0 = 4 \div 0$

으악! 어떤 수를 0으로 나눠도 항상 0이야? 그럼 좀 곤란한데.

어떤 수에 0을 곱한 값은 항상 0이기 때문에 거꾸로 나눗셈을 하면 '어떤 수'를 알 수가 없어. 다시 말하면, 곱셈식에서 □에 모든 수가 들어가도 다 옳으니까 나눗셈식에서 □가 얼마인지 정할 수가 없어.

곱셈 $0 \times □ = 0$
→ 나눗셈 □̸ ÷̸ 0̸

그래서 영으로 나누는 건 하지 않아!

이번에도 루아가 앞장을 섰어.
다시 가락에 맞춰 수를 읊으며 걷고 있어.

"오호, 우리 귀야, 소수도 아는구나?"
루아가 기특하다는 듯이 귀야를 보며 말했어.
"헤헤, 아까 네가 십삼 다음에 십칠이라고 했잖아.
그런데 그다음도 알아?"
귀야가 머리를 긁적이며 물었어.
"요새는 백보다 작은 소수는 줄줄이 말할 수 있어.
소수는 사람을 끌어당기는 마력이 있어."

귀야는 수를 딱 보면 소수인지 아닌지 느낌이 온다는 말에 아무 수나 생각나는 대로 물어보기 시작했어.

루아는 의기양양해서 박자에 맞춰
계속 소수를 읊으면서 앞장서 갔어.
귀야의 표정이 곤혹스러워.
번번이 루아와 파이의 의견이 같자 '느낌이 온다'라는
말을 믿어야 할 것 같은데, 무슨 마법도 아니고
어떻게 수를 보면 소수인지 아닌지 느낌이
올 수 있어?
귀야는 409나 751이 소수인지 아닌지 모르지만
루아와 파이가 모두 소수라고 하니
뭐라고 말도 못 하고 마음이 혼란스러워.
파이가 귀야의 마음을 알겠다는 듯이 귀야에게
손짓했어. 귀야가 손등에 날아와 앉았어.
파이가 귀야에게 말했어.
"느낌이 그냥 오는 건 아니야. 오랫동안 쌓인 지식과
안목이 있어야 오는 거지."
"느낌이 오는 게 맞긴 하나 보네?"
귀야의 퉁명스러운 말에 파이가 슬며시 웃었어.

파이가 삐져서 툭 튀어나온 귀야의 부리를 귀엽다는 듯 살짝 비틀고는 설명했어.

"소수는 약수가 1과 자기 자신밖에 없는 수잖아. 409가 소수라면 1과 자기 자신 409만이 약수일 거야."

루아가 파이의 설명에 끼어들었어.

"물론 또 다른 약수가 있는지 확인해야지."

"409보다 작은 수로 다 나눠 보라고? 느낌이라는 게 오기 전에 지쳐 나자빠지겠는걸."

귀야가 시무룩해지는 걸 보고 루아와 파이가 앞다퉈 말했어.

"나도 그렇게는 안 해. 나눗셈을 사백팔 번이나 해야 한다면 누가 수학이 재미있다고 하겠어?"

"생각을 바꿔.

약수를 배수의 입장에서 생각해 봐.

3이 30의 약수라면 30은 3의 배수잖아.

409가 소수라면 1과 409 이외의 다른 수의 배수는

될 수 없어.

왜냐고? 약수와 배수는 그런 관계니까."

귀야의 얼굴에 여기서 포기할까 말까하는 갈등이

보이자 루아가 선심 쓴다는 듯이 덧붙였어.

"409가 어떤 수의 배수가 된다면 그건 홀수일 거야.

아마도 20보다 작은."

귀야가 깜짝 놀랐어.

사백팔 번이나 나눠 봐야 하는 줄 알았더니

스무 번보다 적게 해도 된다고?

"맞아. 수학을 잘하려면
눈치도 있어야 해."

너, 소수 아니지?

어떤 수를 딱 보면 소수인지 아닌지 느낌이 어떻게 오냐고? 그 비밀을 알려 줄게. 우선 20을 봐. 1과 20 이외에 20을 배수로 하는 수가 있을까?

20을 배수로 하는 두 수를 짝지워 봐. 1과 20은 빼고. 좌우를 바꾸어 생각하면 2부터 4까지만 나눠 보면 20을 배수로 하는 수를 모두 찾을 수 있어.

409가 소수인지 아닌지 알아보려면, 409에 가까운 400을 생각해. 400이 소수인지 알아보려면 20까지만 나눠 보면 돼. 409도 마찬가지야. 20까지만 나눠 보면 돼. 그중에서도 홀수만!

용감한 수학 ❾
배수는 특별한 모양이 있어!

마지막 비법은 어떤 수의 배수인지 빨리 판단하는 거야.
예를 들어서, 429는 보자마자 소수가 아닌 걸 알아. 429는 3의 배수니까.

429는 3의 배수 → 3은 429의 약수 ↓ 429는 소수가 아니다.

429가 3의 배수인지 어떻게 알았냐고? 십진법의 원리를 이용하면 알 수 있어.

$$429 = 400+20+9$$
$$= 4\times100+2\times10+9$$
$$= 4\times(99+1)+2\times(9+1)+9$$
$$= 4\times99+4\times1+2\times9+2\times1+9$$
$$= \underline{4\times99+2\times9}+4+2+9$$
↑
3의 배수, 9의 배수

4+2+9=15가 3의 배수니까 429도 3의 배수야. 4+2+9가 9의 배수가 아니니까 429는 9의 배수가 아니야.

409에서 4+0+9는 13이니까 3의 배수도 아니고 9의 배수도 아니야. 일의 자리가 0이나 5가 아니니까 5의 배수도 아니야. 이제 남은 홀수는 7뿐이니까 7과 17로 나눠 보면 돼.

어때? 단 두 번의 나눗셈으로 409가 소수인지 아닌지 알게 되는 거야.

'느낌'은 수의 구조를 알게 돼서 오는 거라고.

용감한 Quiz 1. 413은 소수인가요? 어떻게 알았나요?*

* 맨 마지막 장에서 정답을 확인해요!

루아 일행은 풀밭에서 키 큰 나무들이 숲을 이루고 있는 곳으로 들어갔어.
햇빛이 뜨겁지는 않지만 그래도 아직은 그늘이 좋은 계절이거든.
매앰 맴맴…….
나무들이 있는 곳으로 가까이 왔을 때부터 매미 우는 소리가 들려오고 있어.

"매미가 도대체 얼마나 많은 거야?"
파이가 고개를 들어 나무 위를 둘러보며 물었어.
사실은 루아도 똑같은 생각을 하고 있었어.
"우리나라에서보다 훨씬 많은 것 같아."
매미들이 우는 소리가 엄청 나.
눈에는 잘 안 보이지만 숲이 매미들로
가득 찬 거 같아.

그때였어. 매미 한 마리가 뚝 떨어지듯 날아와서 파이 팔에 앉았어.

파이가 팔을 엉거주춤 든 채 매미를 봤어.

"우리 매미들이 얼마나 많은지 궁금하니?"

파이의 팔에 앉은 매미가 물었어.

"우리 말을 들었나 보구나?"

파이가 반가워하며 말하자 귀야도 끼어들었어.

"나도 살다 살다 이렇게 매미가 많은 건 처음이야."

귀야의 말에 매미가 한참을 물끄러미

귀야를 보더니 말했어.

"너는 어려 보이는데, 기껏해야 몇 년 살았다고 그런 말을 해?"

귀야는 루아와 만나기 전의 일은 하나도 기억을 못하니 대꾸할 말이 없어. 그래도 자존심이 있지, 까마귀가 이대로 물러날 수는 없어.

"곤충 수명이 짧은 건 알 만한 까마귀는 다 알아. 너도 한 달도 못 살잖아."

"땅속에서 17년을 살았다고?"
귀야가 놀라서 말을 못하고 있는데 파이가 되물었어.
무슨 일인지 답답해하는 루아에게 파이가 얼른
설명해 주자 루아가 다시 다그쳐 물었어.
"정말? 우리나라 매미들은 그렇게까지 오래 있지는
않던데, 너흰 땅속에서 17년이 지났는지 어떻게
알았어?"
"그냥 알아. 땅속에서 13년을 살다가 올라오는 매미도
있다고 들었어. 우리와는 만나기 어렵지만."
17년이라는 말에 놀라서 기가 죽어 있던 귀야가 얼른
나섰어.

귀야는 자기보다 나이가 훨씬 많은 매미가 소수를 모르자 신이 났어.

소수가 뭔지 한참을 떠들다가 문득 궁금해졌어.

"그런데 왜 5년도 아니고 10년도 아니고 13년, 17년이야?"

매미는 자기도 잘 모른다면서 전해 오는 이야기를 들려줬어.

매미는 어른이 될 때까지 땅속에서 충분히 커야 하는 곤충이지만, 원래 17년이나 걸리진 않았어. 그런데 빙하기가 시작이었대.

온도가 내려가니까 성장이 느려졌어.

어른이 되는 데 걸리는 시간이 길어진 거야.

10년도 넘게 걸리기 시작했어.

처음에는 12년, 13년, 14년 이런 식으로 땅속에서 사는 햇수가 다양했을 거야.

그러다가 13년 매미와 17년 매미가 살아남은 거지.

매미의 얘기를 들은 귀야는 갸우뚱했어. 여전히 이해할 수가 없었거든.

한참을 생각하던 루아가 말을 꺼냈어.

"자연에서 벌어지는 일을 딱 부러지게 설명하는 이론이 항상 있을 거라는 생각은 버려야 해. 나는 손가락이 다섯 개인데, 귀야와 파이는 네 개잖아. 이걸 설명할 수 있어?"

루아가 귀야를 보고는 고개를 돌려 파이의 생각을 묻듯 눈을 맞췄어.

"맞아. 우리가 할 수 있는 일은 최선을 다해서 왜 그런 일이 벌어지는지 추론하는 거야. 물론 나중에 다른 이론이 나올 수도 있겠지."

용감한 수학 ⑩
잡아먹혀도 살아남는 공배수

3을 1배, 2배, 3배……한 수를 3의 배수라고 하는 건 알고 있지? 3, 6, 9……는 3의 배수야. 이제 2의 배수와 3의 배수를 비교해 봐. 겹치는 게 있어. 이것들을 2와 3의 공배수라고 해.

두 수의 공배수는 가장 작은 공배수의 배수야. 가장 작은 공배수만 알면 돼.

배수는 끝이 없어. 무한히 많아.

2와 3의 가장 작은 공배수

2의 배수: 2 4 **6** 8 10 **12** 14 16 **18** 20 22 **24** 26 28 **30** 32…
3의 배수: 3 **6** 9 **12** 15 **18** 21 **24** 27 **30** 33…

2와 3의 공배수인 6, 12, 18, 24, 30…은 6의 배수

빙하기가 지나면서 겨우 살아남은 매미가 성충이 되어 올라와 보니 짝짓기 상대가 없었다면 후손을 남기지 못했겠지. 주로 북아메리카에 사는 '소수 매미'가 어떻게 생겨났는지 알려 줄게.

같이 후손을 남길 매미가 없어.

나도 짝짓기를 못하고 죽었어. 가까운 곳에 아무도 없었거든.

10년 넘게 걸려 겨우 어른이 됐는데…….

외로운 매미

⑤ 꽃잎에 새겨진 수

매미와 헤어진 후 그늘을 따라 걷던 파이가 걸음을
멈췄어.
"이 열매 예쁘다!"
엄지손톱만 한 빨간 열매가 나무에 주렁주렁 달렸어.
파이가 까치발을 하며 손을 뻗었지만 닿지 않았어.

"내가 따 볼게."
루아가 펄쩍 뛰며 손을 뻗었지만 소용없었어.
여기서 물러날 루아가 아니야. 이번에는 나무를 잡고
발 디딜 곳을 찾아 이리저리 둘러봤어.
기어 올라가서 열매를 따려는 거야.

귀야는 깜짝 놀랐어.

루아를 처음 만났을 때, 다리에 석고 붕대를 하고
있었던 게 생각났거든.
여기서 떨어지면 석고 붕대는커녕 그냥 붕대도
없으니 큰일이야.
귀야는 얼른 날아가서 빨간 열매를 하나 입에 문 채
힘껏 잡아당겼어. 가지가 뚝 부러졌어.
열매를 루아의 머리 위로 떨어뜨리고 또 다른 열매를
입에 물었어.

아야!

귀야가 흡족한 표정으로 말했어.

"이거,  랑 똑같은데."

루아가 귀야를 한번 흘겨보더니 아무 말도 안 하고 열매를 살펴봤어.
귀야 말대로 작긴 하지만 생김새가 사과와 똑같아.
마을에서 본 적이 있어.
"맞아. 이렇게 작은 건 꽃사과라고 해."
루아는 꽃사과를 입에 넣었어.
저절로 얼굴이 찌푸려졌어.
떫고 시어서 먹기가 힘들어.
파이도 꽃사과를 먹었어. 루아의 표정을 보았지만 맛이 궁금했거든.
"사과는 맛있다면서 이건 맛이 없어?"
귀야가 궁금한지 물었어.
"사람들이 먹는 건 이거랑 달라.
우리가 먹는 사과는 크고 달게 품종 개량한 거래."

"너, 사과꽃이 얼마나 이쁜지 알아?"
루아가 갑자기 화제를 돌렸어. 귀야는 꽃이라면 자신 있어.
"알다마다! 꽃봉오리일 때는 연한 붉은빛을 띠다가 활짝 필 때쯤에는 점점 흰색으로 바뀌어. 꽃잎 다섯 장이 보드라운 흰색으로!"
귀야의 말에 파이가 '대단한데?'라는 듯이 바라봤어.
"맞아. 이 나무에도 사과꽃이 엄청나게 많이 피었다 졌을 거야. 열매가 열린 자리마다."
그때 저쪽에서 바스락거리는 소리가 났어.
토끼 한 마리가 눈을 말똥말똥 뜨고 루아 일행을 바라보고 있어.

귀야가 반가워서 소리치자 토끼가 놀라 휙 달아나 버렸어.

파이가 토끼와 이야기를 나눠 보지도 못해 아쉬워하자 루아가 말했어.

"토끼는 겁이 많아."

파이는 지구에 오기 전에 우주선에서 피보나치 수열에 대해서 읽었어. 이미 이 세상에 없는 피보나치라는 수학자는 만날 수 없겠지만, 책 속에 나오는 토끼는 만나 보고 싶었는데, 겁이 많아도 엄청 많은가 봐.

"피보나치 수열이 뭐야?"

귀야가 궁금해하며 물었어.

파이가 되물었어.

"네 맘대로 수를 몇 개 말해 봐."

"1, 2, 3, 4, 5."

"그렇게 수를 늘어놓은 걸 수열이라고 해. 수를 줄줄이 늘어놓았다는 뜻이야."

"3, 8, 2, 9, 1······."

귀야가 또 수를 말하자 파이가 그것도 수열이라고 했어.

규칙이 눈에 안 보여도 수열은 수열이지.

용감한 수학 ⑪
1년 후엔 토끼가 몇 쌍?

이런 수열을 생각해 봐. 출발은 1과 1이야. 둘을 더해서 그다음 수를 결정해. 다시 두 수를 더해서 그다음 수를 결정해. 또, 또, 또……. 피보나치 수열은 계속돼.

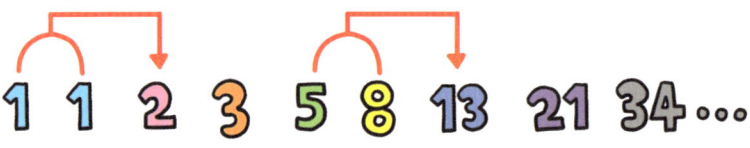

피보나치는 이탈리아 피사에서 태어났지만 상인이었던 아버지를 따라 북아프리카의 베자이아에서 공부했어. 당시 북아프리카는 아랍권에 속했는데, 여기서 인도 아라비아 숫자를 배웠어.

1202년에 피사로 돌아와서 매매, 환전, 거래 등 상인들에게 필요한 계산을 소개하는 책 《산반서》를 펴냈지.

"여기서 이슬람의 최신 수학을 공부하면서 내 일을 돕거라."

"와, 아랍 사람들이 쓰는 숫자가 굉장해요!"

《산반서》 덕분에 인도와 아랍 지역에서 발전한 십진법 계산이 유럽에 전해졌어. 이 책에서 피보나치 수열은 1년 후에 토끼가 몇 마리인지 예측하는 문제로 등장해.

토끼 암수 한 쌍이 있다. 한 쌍의 토끼는 성장하여 두 달 후부터 매달 암수 한 쌍의 새끼를 낳는다. 새로 태어난 토끼도 마찬가지이다. 1년이 지나면 토끼는 몇 쌍이 있을까?

와! 골치 아프다. 그냥 새끼나 낳자.

이 문제에서 첫 달에는 토끼가 암수 1쌍이 있어. 두 번째 달에도 그대로 1쌍이 있어. 세 번째 달에는 원래 있던 암수 1쌍과 새로 태어난 암수 1쌍이 있어서 모두 2쌍이 있어. 이렇게 따져 나가면 1, 1, 2, 3, 5……라는 피보나치 수열이 나오는 거야.

우리 덕에 사람들이 수열을 만들었네?

인구가 얼마나 늘어 나는지도 이런 식으로 계산할 수 있어요.

지금은 인구 예측을 적분으로 하지요.

용감한 Quiz 2. 1이 아닌 다른 두 수로 시작하여 피보나치 수열과 같은 방법으로 만든 수열을 뤼카 수열이라고 해요. 2, 1로 시작한 뤼카 수열에서 100보다 큰 수는 몇 번째에 처음 나올까요?*

* 맨 마지막 장에서 정답을 확인해요!

"피보나치 수열이 자연에서 많이 발견된다는 말도 있던데."
파이가 약간 자신 없는 목소리로 말했어.
"나도 책에서 봤어. 꽃잎 수가 피보나치 수인 꽃이 많다던데. 사과 꽃잎도 5장이잖아."
루아의 말에 귀야가 이리저리 날아다니며 꽃잎이 몇 장인지 살피기 시작했어.
"채송화는 5장, 코스모스는 8장!"

귀야가 신나서 날아다니며 꽃잎을 살피자,
루아도 이리저리 둘러봤어.
"여기 장미도 5장!"
"이게 장미야?"
파이가 물었어.
책에서 본 장미는 겹겹이 꽃잎이 많았거든.
"응. 야생 장미는 원래 이렇게 생겼어. 겹겹이 꽃잎이
많은 건 품종 개량한 거야."

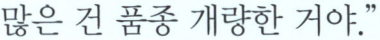

그리고 보니 꽃잎이 5장인 꽃이 무척 많아.
겨울에 피는 동백꽃도 5장.
봄에 화려하게 피는 벚꽃도 5장.
저번에 셀레네와 따먹었던 딸기꽃도 5장.
"꽃잎 수는 모두 2, 3, 5, 8뿐이야?"
귀야가 의아해하며 묻자 파이도 물었어.
"지구엔 꽃잎이 피보나치 수가 아닌 꽃은 없어?"
"그런가? 음, 생각해 보자."

칼라백합은 1장이야.

1도 피보나치 수 아니야?

하하. 루아가 헷갈렸나 봐.

"그럼 개나리 하나뿐이야?"

귀야가 묻자 루아 입에서 꽃 이름이 줄줄 나왔어.

"그만 됐어. 아까는 하나도 말하기 어려워하더니 이젠 끝이 없네?"

파이가 놀라워하자 루아가 헤헤 웃으며 말했어.

"처음이 어렵지. 한번 생각이 나면 줄줄이 나잖아."

"개나리 하나면 충분한데."

귀야가 무슨 소리냐는 듯이 파이를 쳐다봤어.

수학의 법칙은 100%

사람들이 잔디밭을 질러가고 싶어하는 건 돌아가는 것보다 거리가 짧기 때문이야.

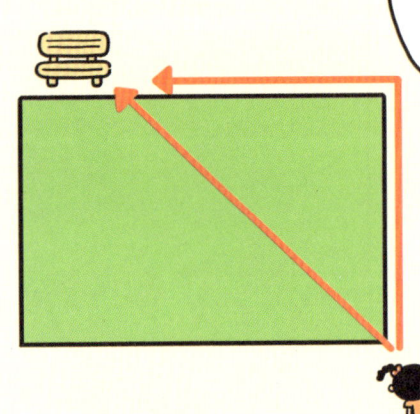

질러가는 건 삼각형의 한 변, 돌아가는 건 두 변을 지나는 거야.

삼각형에서는 두 변의 길이의 합이 나머지 한 변의 길이보다 커.

항상 그래?

수학에서 참인 것은 항상 참인 걸 말해. 하나라도 예외가 있으면 '참'이라고 하지 않아.

그래서 '꽃잎 수는 피보나치 수열'이라는 말은 참이 아니야. 개나리 하나만 봐도.

꽃밭에서 차르르 사르르 소리가 났어.
"무슨 소리야?"
"갑자기 바람이 불어오네. 이파리들이 서로 부딪히는 소리야."
정말 바람도 세지고 흙 냄새도 짙게 올라오고 있어.
그때 귀야가 날개를 파닥이며 소란을 떨었어.

멀리 보이는 바다쪽 하늘에 먹구름이 잔뜩 꼈어.
저렇게 짙은 먹구름이라면 천둥 번개까지 치면서 비가 무섭게 올 거야.
먹구름은 허연 하늘을 먹어 들어가며 루아 일행 쪽으로 몰려오고 있어.
루아와 파이는 당황했어.
이런 들판에서 비를 맞는 건 위험하니까.
비를 피해야 해.
번개도 피해야 해.

번개가 칠 때는 나무 밑에 있으면 위험해.
들판에는 비를 피할 곳이 없어.
비에 젖으면 체온이 내려가 위험해.
루아와 파이는 주위를 둘러봤어.
갈 데라고는 산 밖에 없어.
마침 산에는 바위들이 보였어.
"저기 산의 큰 바위 아래쪽에서 비를 피해 보자."
"빨리 가자. 빨리!"
귀야가 겁이 나는지 독촉했어.
루아가 앞장섰어.
이럴 때 길은 필요없어.
당연히 질러가야지.

1. 75쪽: 413은 홀수이므로 약수가 될 수 있는 수는 모두 홀수이다.
   4+1+3은 8이므로 413은 3의 배수도 아니고 9의 배수도
   아니다. 일의 자리가 0이나 5도 아니므로 5의 배수도 아니다.
   따라서 413의 약수가 될 수 있는 수는 일의 자리가
   7인 수뿐이다.
   413÷7=59이므로 7은 413의 약수이다.
   따라서 413은 소수가 아니다.

2. 93쪽: 2, 1, 3, 4, 7, 11, 18, 29, 47, 76, 123으로 11번째 수가
   처음으로 100보다 크다.

6 매미는 왜 소수를 좋아할까?

글 남호영 그림 김잔디

초판 1쇄 펴낸 날 2025년 6월 20일
기획 CASA LIBRO **편집장** 한해숙 **편집** 신경아 **디자인** SALT&PEPPER, 최성수, 이이환
마케팅 박영준 **홍보** 정보영 **경영지원** 김효순
펴낸이 조은희 **펴낸곳** ㈜한솔수북 **출판등록** 제2013-000276호
주소 03996 서울시 마포구 월드컵로 96 영훈빌딩 5층
전화 02-2001-5822(편집), 02-2001-5828(영업) **전송** 02-2060-0108
전자우편 isoobook@eduhansol.co.kr **블로그** blog.naver.com/hsoobook
인스타그램 soobook2 **페이스북** soobook2
ISBN 979-11-94439-30-1, 979-11-93494-87-5(세트)

어린이제품안전특별법에 의한 제품 표시
품명 도서 | 사용연령 만 7세 이상 | 제조국 대한민국 | 제조사명 ㈜한솔수북 | 제조년월 2025년 6월

ⓒ 2025 남호영·김잔디·CASA LIBRO

*저작권법으로 보호받는 저작물이므로 저작권자의 서면 동의 없이
 다른 곳에 옮겨 싣거나 베껴 쓸 수 없으며 전산장치에 저장할 수 없습니다.
*값은 뒤표지에 있습니다.

큐알 코드를 찍어서
독자 참여 신청을 하시면
선물을 보내 드립니다.

한솔수북의 모든 책은
아이의 눈, 엄마의 마음으로 만듭니다.